AF562183

MOLIÈRE ET SA TROUPE A LYON

A l'attrait particulier qu'offrent les recherches historiques, lorsqu'on a le bonheur de découvrir quelques vestiges certains d'un passé qui semblait n'avoir laissé aucune trace; à la satisfaction personnelle qu'on éprouve à mettre en lumière des faits qui paraissaient destinés à ne jamais voir le jour, vient s'ajouter souvent un plaisir non moins vif, celui de rencontrer sur sa route des collaborateurs inespérés, des confrères épris du même sujet que celui sur lequel on avait essayé de jeter quelque clarté. C'est une satisfaction de ce genre que nous avons ressentie lorsque M. Brouchoud a fait connaître le résultat de ses recherches sur les *Origines du Théâtre de Lyon*, dans le mémoire lu à la Sorbonne le 21 avril 1865, lors de la réunion à Paris des délégués des Sociétés savantes, mémoire publié depuis par l'auteur et accompagné des pièces justificatives et documents inédits trouvés par lui dans les archives hospitalières, judiciaires et municipales de la ville de Lyon (1).

(1) Les Origines du Théâtre de Lyon, *mystères, farces et tragédies, troupes ambulantes-Molière, avec fac simile, notes et documents, par C. Brouchoud, avocat à la Cour impériale de Lyon. — Lyon, Scheuring, 1865, in-8°.*

Les recherches de M. Brouchoud, bien qu'elles remontent jusqu'à la seconde moitié du XVe siècle, sont surtout précieuses et complètes en ce qui concerne l'histoire du théâtre de Lyon pendant le XVIIe siècle ; à ce titre, les documents contenus dans son livre se rattachent intimement à ceux de même nature que nous avions trouvés à Paris (1) et cherchés ensuite vainement dans quelques villes des départements, telles que Rouen, Grenoble et Lyon même. Dans les *Origines du Théâtre de Lyon* sont comprises les origines du théâtre et de la troupe de Molière, et c'est principalement à ce point de vue que, guidé par M. Brouchoud, nous allons tenter de les exposer plus clairement qu'on n'avait pu le faire jusqu'ici.

Les premières comédies de Molière sont toutes imitées du théâtre italien, et c'est à Lyon que l'*Etourdi* fut joué pour la première fois ; en faisant représenter et peut-être même en composant à Lyon cette comédie empruntée principalement à l'*Inavertito*, de Niccolo Barbieri, dit Beltrame, Molière se produisait devant un public familiarisé depuis longtemps avec les troupes de comiques italiens appelées par la Cour de France. Dès l'année 1548, Henri II et Catherine de Médicis avaient admiré à Lyon « le jeu de la *Calendra*, représentée par des artistes italiens amenés en France à la suite de la Reine (2). » Le 26 janvier 1576, les trésoriers de l'Aumône générale ou de la Charité de Lyon recevaient la somme de 23 livres 10 sols cueillie et amassée « des personnes qui ont esté à la commédie et aultres jeux que jouèrent certains Italiens qui sont de présent en ceste ville pour une chambrée

(1) Recherches sur Molière et sur sa famille. — *Paris, Hachette, 1863, in-8°.*

(2) Les Origines du Théâtre de Lyon, *p. 26.*

que ont donnée lesd. Italiens auxd. pauvres de lad. Aulmosne (1). » Ces « certains Italiens » étaient sans doute les Comiques unis *(i comici uniti)* qui jouèrent à Paris en 1576 et dont les maîtres de la Passion firent fermer le théâtre (2). Dans l'année 1600, à l'occasion de son mariage avec la princesse de Toscane, Marie de Médicis, Henri IV avait fait venir de Florence à Lyon la troupe des *Gelosi* et leur avait accordé, pour y jouer la comédie, une salle de l'Archevêché, dite salle des Clergeons. Le procureur et co-vicaire de Sainte-Croix, Jean Rolland, fut envoyé le 15 novembre « en Savoye où estoit le Roy y faisant la guerre, et ce pour remonstrer à Sa Majesté le scandale qui fût advenu si les comédiens eussent joué dans la salle des Clerjons, ainsi que Sa Majesté le leur avait accordé auparavant, et lesquelles remonstrances il print en fort bonne part, et manda auxdits sieurs du Chapitre que cela ne seroit pas. » La salle des enfants de chœur fut accordée aux comédiens « pour jouer pendant que le Roy et la Royne seroient à Lyon » (novembre 1600) (3).

Après un séjour de plus de trois ans à la cour de Henri IV, la même troupe des *Gelosi* retournait en Italie et s'était arrêtée à Lyon, lorsqu'elle y perdit sa principale comédienne, Isabella Andriny. M. Brouchoud a relevé sur les registres de Sainte-Croix, à la date du 10 juin 1604, une note constatant que « dame Isabelle Andriny, native de Padoue, vivante femme du sieur Francesco Andriny, Florentin, de son état comédien », est décédée « avec le commun bruict d'estre une des plus ra-

(1) *Ibid.*, *p. 59.*

(2) Masques et Bouffons, *par Maurice Sand. — 1860, in-8°, tome Ier page 44.*

(3) Origines du Théâtre de Lyon, *p. 25 et 26.*

res femmes du monde, tant pour estre docte que bien disante en plusieurs sortes de langues (1)». Parmi les comédiens de cette troupe, se trouvait Niccolo Barbieri, dit Beltrame, qui, dans son ouvrage: *La Supplica, discorso famigliare intorno alle comedie mercenarie*, raconte que « le corps municipal de la ville de Lyon honora la sépulture de la comédienne par des marques de distinction. (2)» Beltrame revint de nouveau à Paris de 1613 à 1618, puis de 1623 à 1625, « époque à laquelle il devint lui-même chef d'une troupe et se rendit célèbre en Italie et en France. (3)» C'est alors qu'il fit représenter devant Louis XIII sa comédie de l'*Inavertito* qui depuis dut être souvent jouée à Lyon par les troupes italiennes de passage en cette ville. « Il ne serait pas impossible, ainsi que le remarque très-justement M. Brouchoud à propos de ces comédiens, qu'ils eussent, pendant le séjour qu'ils firent à Lyon, inspiré le goût du répertoire italien, » et lorsque Molière y vint à son tour, il dut subir aussi la même influence et s'essayer d'abord, dans l'*Etourdi* et dans le *Dépit amoureux*, à imiter les œuvres de Beltrame , de Fabritio de Fornaris, de Luigi Grotto et de Niccolo Secchi que le public lyonnais était habitué à applaudir.

Molière ne trouva pas seulement à Lyon des inspirations plus élevées que celles qui avaient présidé à la composition de ses premières farces, telles que la *Jalousie du Barbouillé* et le *Médecin volant ;* il s'adjoignit à plusieurs reprises des comédiens qui avaient commencé par jouer dans cette ville, et l'histoire de la troupe de Molière, de

(1) *Ibid.*, *p. 26.*

(2) Masques et Bouffons, *t. II, p. 174.*

(3) *Ibid.*, *t. II, p. 218.*

sa composition, de ses périgrinations, devra à M. Brouchoud de précieux éclaircissements.

Le 8 février 1643, au moment où le jeune Poquelin renonçait, par-devant un notaire de Paris, à la profession de son père et à la charge de tapissier du Roi, pour entrer bientôt sous le nom de Molière dans la troupe de l'*Illustre Théâtre,* demeuraient à Lyon trois comédiens : Charles Dufresne, Nicolas Desfontaines, Pierre Réveillon, qui devaient, à des époques différentes, s'associer à la fortune de Molière. Ces trois comédiens figurent dans un acte découvert par M. Brouchoud sur les registres de l'église Sainte-Croix, l'acte de mariage de François de la Court avec Madeleine Dufresne, sœur ou fille de Charles Dufresne (1). L'année suivante, le poète-comédien Nicolas Desfontaines paraît à Paris dans la troupe de l'Illustre Théâtre (du 28 juin au 20 décembre 1644), puis on perd de nouveau sa trace. On peut seulement supposer qu'un comédien portant le même nom de famille, Louis Desfontaines, qui se retrouve à Lyon cinq ans plus tard dans un autre acte découvert par M. Brouchoud (2), était un parent, peut-être le fils de Nicolas Desfontaines.

Nous n'avons pas à revenir ici sur les vicissitudes à Paris de la troupe de l'Illustre Théâtre, entretenue, disent les actes qui la concernent, par SON ALTESSE ROYALE, c'est-à-dire par Gaston, duc d'Orléans, frère de Louis XIII; il suffit de rappeler qu'après s'être transportée du faubourg Saint-Germain au quartier Saint-Paul, elle avait vu Molière, devenu son chef, emprisonné au Châtelet pour des dettes contractées par la communauté, et que le 13 août 1645, dans le dernier document connu jusqu'à pré-

(1) Origines du Théâtre de Lyon, *p. 49.*

(2) *Ibid., p. 51.*

sent sur cette troupe, les comédiens de l'Illustre Théâtre ne se disent plus entretenus par Son Altesse Royale. Le duc d'Orléans leur avait sans doute déjà retiré sa protection et l'avaient ensuite accordée à une autre troupe de comédiens de campagne, car, suivant une note relevée par M. Brouchoud aux archives hospitalières de Lyon, moins de six mois après, le 22 janvier 1646, les registres de la Charité de Lyon mentionnent la somme de 283 liv. 11 sols reçue de « Messieurs les comédiens de Son Altesse Royalle pour le provenu de la comédie qu'ils ont donnée pour les pauvres (1). »

Trois ans plus tard, nous retrouvons encore à Lyon plusieurs comédiens de Son Altesse Royale qui ne sont certainement plus ceux de la troupe de Molière, bien que parmi eux figure un des premiers associés de l'Illustre Théâtre, Georges Pinel, d'abord maître écrivain à Paris, puis comédien sous le nom de La Couture. Les documents qui constatent la présence de ces comédiens à Lyon ont été signalés par nous lors de recherches faites en 1863 à la chambre des notaires de cette ville ; nous n'avons fait que les indiquer dans un rapport à M. le Ministre de l'Instruction publique (2), mais comme ils complètent les renseignements donnés par M. Brouchoud et qu'ils ont un intérêt local, nous croyons devoir en donner, sinon la teneur, au moins une analyse succincte.

Le 21 mars 1649, par un premier acte passé devant Me Pierre Guyon, notaire royal à Lyon, noble Claude de Benoist, sieur de la Chassagne, demeurant à Lyon, sieurs

(1) *Ibid*, p. 60.

(2) Archives des missions scientifiques et littéraires, *t. Ier, 2e série, 1865, in-8°, p. 489.*

Abraham Mitallat, dit La Source (1) et François Henriel, dit La Barre, comédiens de Son Altesse Royale, tant en leurs propres et privés noms que de sieurs Hugues de Lan, Louis de Ruffin, dit La Fontaine, Georges Pinel, dit La Couture, et Remy Broutière, dit Des Rosiers, leurs camarades et associés, confessent devoir à sieur Philibert Dagalier, demeurant audit Lyon, absent, la somme de 600 livres tournois pour prêt auxdits débiteurs fait par le créancier peu avant ces présentes; laquelle somme ils promettent payer dans la fin du mois d'avril prochain. Lesdits sieurs Mitallat et La Barre élisent leur domicile en la personne et maison de Claude Cotier, dit Montblanc, maître tailleur d'habits (2).

Par un autre acte passé le même jour, les comédiens susnommés reconnaissent que Claude de Benoist, sieur de La Chassagne, qui s'est obligé solidairement avec eux par l'acte précédent, n'a fait que leur prêter son nom sur leur prière verbale, et promettent, s'il est inquiété et contraint de payer aucune chose de ladite somme, faire cesser toute poursuite, le rembourser et garantir, sans préjudice au sieur de La Chassagne de la somme de 250 livres que ledit sieur de La Barre reconnaît lui devoir et de celle de 180 livres que ledit sieur de Ruffin lui doit par obligation passée devant Pierre Deschuyes, notaire dudit Lyon (3).

Enfin, le même jour encore, François de La Barre, comédien de Son Altesse Royale, reconnaît, par un troisième acte passé devant le même notaire, que, sur l'obli-

(1) *Nous rectifions et complétons les noms des comédiens d'après les signatures et les divers actes qui les concernent.*

(2) Archives de la chambre des notaires de Lyon. *Minutes Guyon, 1648-49, f° 332 verso.*

(3) *Minutes Guyon. f° 334 verso.*

gation précédente de 600 livres, il y a 160 livres tournois pour le fait et compte dudit sieur La Barre, laquelle somme il faudra défalquer au profit de la compagnie lors du payement qu'on fera de ladite somme (1).

Le lendemain 22 mars, les sieurs Hugues de Lan, Louis de Ruffin dit La Fontaine, Georges Pinel dit La Couture et Rémy Broutière dit Des Roziers, comédiens de Son Altesse Royale, ratifient et homologuent les actes passés la veille. Cette ratification est passée au domicile du sieur Pinel ; parmi les témoins figure un sieur Claude Bouvet, « compaignon tailleur d'habitz (2). »

A la fin de la même année 1649, le 18 décembre, Philibert Dagalier donne quittance aux comédiens de Son Altesse Royale et associés susdits, étant de présent en cette ville de Lyon, de l'obligation du 21 mars (3).

Ces documents notariés, joints aux actes de Jean-Jacques Le Rebe (1er février 1644) et de Jeanne-Françoise Sequier de Corceteus (7 décembre 1649), publiés par M. Brouchoud (4), complètent la liste des comédiens fixés à Lyon de 1644 à 1649 ; ils viennent encore à l'appui de la remarque faite par l'auteur des *Origines du Théâtre de Lyon* sur « la conformité d'habitudes et la grande camaraderie qui unissaient les comédiens et les maîtres tailleurs d'habits (5). » Claude Cotier dit Montblanc, tailleur d'habits, chez lequel Mitallat et La Barre élisent leur domicile, figure déjà en 1644 au baptême de Jean-Jacques Rebe dont Jeanne de Roncere, femme de Mitallat, est marraine, et le lendemain c'est encore un compagnon

(1) *Minutes Guyon, f° 335 verso.*

(2) *Minutes Guyon, f° 337 verso.*

(3) *Minutes Guyon, f° 535 verso.*

(4) *Pages 50 et 51.*

(5) *Page 38.*

tailleur d'habits qui sert de témoin aux comédiens du duc d'Orléans. Cette camaraderie ne devait pas exister seulement à Lyon, et on pourrait sans doute la suivre jusqu'à Paris où, le 24 avril 1672, le tailleur ordinaire des ballets du Roi, Jean Baraillon, épousait la sœur de la comédienne Mlle de Brie (1).

Mitallat, dit M. Brouchoud, arrivé avec ses camarades à Lyon en 1644, y a fait un long séjour, et on retrouve sa signature dans divers actes jusqu'en 1659. En 1650, ce comédien et Jeanne de Roncere, sa femme, s'étaient associés avec un sieur Pierre de la Court pour montrer « une machine de carte peinte, composée de plusieurs changements avec tous les assortiments et choses nécessaires et dépendant de ladite machine, ainsy qu'elle a esté veue et monstrée depuys peu, tant en cette ville de Lyon qu'en autres lieux. De la Court avait acheté cet appareil à Philippe et Philippe Millotz, père et fils, graveurs en métaux de Dijon (2). »

Le nom de Philippe Millot nous ramène à la troupe de Molière dans laquelle figure, à la date du 1er juillet 1644, un comédien de ce nom qui signe à Paris, avec Molière, Madeleine et Geneviève Béjard, Madeleine Malingre, Nicolas Des Fontaines et Georges Pinel, un acte notarié modifiant le premier contrat d'association de l'Illustre Théâtre; le 9 septembre 1644, Philippe Millot fait encore partie de l'Illustre Théâtre, ainsi qu'un sieur Pierre Dubois, maître brodeur à Paris (3). La profession de graveur en métaux exercée par les Millot, d'après le document trouvé par M. Brouchoud aux archives de la Cour

(1) Histoire de Molière. *par M. Taschereau, 5e édit., 1844, in-12, p. 219.*

(2) Origines du Théâtre de Lyon, *p. 50 et 51.*

(3) La Correspondance littéraire. *du 25 janvier 1865, p. 84.*

impériale de Lyon, n'exclut pas la possibilité de la présence du père ou du fils dans la troupe du tapissier du roi Poquelin-Molière, où paraissent successivement le maître écrivain Georges Pinel, le maître brodeur Pierre Dubois et le pâtissier Cyprien Raguenau ; nous verrons bientôt ce dernier dissimuler, sous les titres de bourgeois de Lyon et de fileur d'or, sa profession de comédien.

A partir du 8 février 1643, date à laquelle Charles Dufresne et Pierre Reveillon signaient à Lyon le contrat de mariage de Madeleine Dufresne, les noms de ces deux comédiens disparaissent pendant dix ans des actes relevés par M. Brouchoud sur les registres de la paroisse de Sainte-Croix. Dans cet intervalle, Dufresne s'était associé avec Molière à une date encore indéterminée, mais antérieure au mois d'avril 1648, époque à laquelle Dufresne et Molière se trouvaient à Nantes (1). L'année suivante, Dufresne était à Toulouse, ainsi que le constate cette précieuse note récemment découverte par M. Emmanuel Raymond sur le livre des recettes et dépenses : « 16 mai 1649. — Payé au sieur Dufresne et autres comédiens de sa troupe la somme de soixante-quinze livres, pour avoir, du mandement de Messieurs les Capitouls, joué et fait une comédie à l'arrivée en cette ville du comte de Roure, lieutenant général pour le Roi en Languedoc (2). » En 1650, Dufresne et Molière sont à Narbonne où, le 10 janvier, Molière est parrain d'un enfant nommé Jean, « fils d'Anne, ne sachant le nom du père..., présents les sieurs Charles Dufresne et Julien Melindre (3). » Le comédien Pierre Reveillon avait-il suivi Dufresne lors de son en-

(1) Histoire de Molière, *par M. Taschereau, 3e édit., p. 14.*

(2) Journal de Toulouse *du 6 mars 1864.*

(3) Molière dans le Languedoc, *par M. Emm. Raymond, 1858, in-12, p. 49.*

trée dans la troupe de Molière? Les faits qui vont suivre semblent lever toute incertitude à cet égard.

Pierre Reveillon reparaît le premier à Lyon dans les documents publiés par M. Brouchoud : Le 19 décembre 1652, il tient sur les fonds de baptême la fille d'un sieur Genet, maître tailleur d'habits (1); deux mois plus tard, jour pour jour, le 19 février 1653, Reveillon signe avec Molière et Dufresne le contrat de mariage de leur camarade Duparc (2); l'année suivante, il est de nouveau parrain d'un enfant dont la femme de Duparc est marraine (3); et enfin le 29 avril 1655, Reveillon figure encore comme témoin avec Dufresne et Molière au mariage d'un autre comédien de la troupe du prince de Conty (4). Il est donc permis d'affirmer avec M. Brouchoud que Pierre Reveillon, lors de son arrivée à Lyon à la fin de 1652, faisait partie, depuis quatre ans au moins, de la troupe de Molière.

En constatant, à la fin de l'année 1652, la présence à Lyon du comédien Pierre Reveillon, faut-il en conclure avec M. Brouchoud que Molière se trouvait également dans cette ville à la même époque, et reculer ainsi de quelques mois la date de 1653, acceptée jusqu'à présent comme étant celle de l'arrivée de Molière à Lyon? Peu importe; ce qu'il y a de certain, c'est que les documents publiés par M. Brouchoud confirment pleinement la date de 1653 donnée par les premiers biographes de Molière. Personne n'avait encore découvert les preuves matérielles du séjour de Molière à Lyon; l'honneur de les avoir trouvées appartient exclusivement à M. Brouchoud, et désor-

(1) Origines du Théâtre de Lyon, *p. 51.*

(2) *Ibid., p. 56.*

(3) *Ibid., p. 47.*

(4) *Ibid., p. 48.*

mais l'on pourra s'appuyer, sans crainte d'erreur, sur les deux actes signés par Molière dans cette ville. C'est un pas de plus et un grand pas fait dans cette voie d'investigations scrupuleuses, ouverte, dès 1821, à Paris par Beffara et parcourue depuis jusque dans les anciennes provinces de France par tous ceux qu'anime le désir de substituer des vérités irrécusables à des traditions sans consistance. Grâce à ces découvertes successives, la lumière se fait peu à peu ; mais tant que cette enquête ouverte sur la vie de Molière ne sera pas terminée, on éprouvera toujours une certaine hésitation lorsqu'on aura à traiter ce sujet.

M. Taschereau constatait récemment l'incertitude sur laquelle on est encore sur bien des points, lorsqu'il disait dans la préface de sa cinquième édition de l'*Histoire de la vie et des ouvrages de Molière* : « Nous nous sommes renfermé dans une simple biographie, et depuis trente-huit ans que notre première édition a été publiée, presque chaque jour, en dépit de la conscience de nos recherches et par suite de leur persévérance, nous avons trouvé un fait à rectifier et à compléter. Déjà, depuis le tirage des premières feuilles de cette réimpression, nous ne sommes plus sûr de n'avoir rien à en modifier dans une édition nouvelle. » (1) En effet, les *Origines du Théâtre de Lyon* prendront place en première ligne dans les modifications que M. Taschereau aura à introduire dans la nouvelle édition de son travail si complet et si consciencieux. M. Taschereau a également écrit une histoire de la troupe de Molière, qui devra au livre de M. Brouchoud d'importantes additions et rectifications.

Dès l'année 1644 se trouvait à Lyon un sieur « Jean-

(1) Œuvres de Molière, *Paris, Furne, 1863, in-8°. tome I, p. 8.*

Jacques de Gorles, seigneur dudit lieu », qui tenait sur les fonds de baptême avec Jeanne de Roncere, femme du comédien Abraham Mitallat dit La Source, le fils de « Thoussaint Le Rebe, sieur de Hautefeuille (1); » parmi les nombreux témoins qui signent cet acte, figure le nom de Louis de Ruffin dit La Fontaine, l'un des comédiens de Gaston, duc d'Orléans, et tout fait supposer que la plupart de ces témoins sont également des acteurs qui assistent au baptême du fils d'un de leurs camarades, dont le nom de théâtre est Hautefeuille. Ce Jean-Jacques de Gorles ou, pour lui conserver son nom et son origine italienne, Jacomo de Gorla, parait avoir vécu longtemps à Lyon où on le retrouve jusqu'en 1661 ; il prenait tantôt le titre de « premier opérateur du Roi », tantôt celui de « bourgeois de Lyon ». Jacomo de Gorla, marié d'abord à Marguerite Jacquerl, puis à Benoîte Lamarre, avait eu de sa première femme une fille nommée Marquise Thérèse de Gorla, qui, par contrat signé à Lyon le 19 février 1653, épousait le comédien René Berthelot dit Duparc (2). S'il fallait en croire l'auteur d'un libelle publié en 1688 contre la veuve de Molière et intitulé : *La fameuse Comédienne*, lorsque Molière et sa troupe arrivèrent à Lyon, « ils trouvèrent établie une autre troupe de comédiens, dans laquelle étaient la Duparc et la Debrie, que Molière réussit à attirer dans sa troupe ; » mais cette assertion paraît aujourd'hui bien peu probable, puisqu'on voit Molière signer, avec ses camarades Charles Dufresne, Pierre Reveillon et Joseph Béjard, le contrat de mariage de Duparc et de Marquise Thérèse de Gorla. Le nom ou le surnom de René Berthelot ne se trouvent dans aucun des actes découverts à Lyon par M. Brouchoud antérieure-

(1) Origines du Théâtre de Lyon, *p. 50*.

(2) *Ibid.*, *p. 56*.

ment à ce contrat de mariage, et l'on doit croire maintenant que Duparc appartenait à la troupe de Molière avant son arrivée à Lyon, qu'il ne tarda pas à se lier dans cette ville avec l'opérateur de Gorla, et qu'en épousant sa fille, il l'introduisit immédiatement dans la troupe dont il faisait lui-même partie.

Le contrat de mariage de Duparc nous a révélé les véritables noms de ce comédien et de sa femme, qui étaient restés ignorés de tous les historiens du théâtre français : René Berthelot, fils de Pierre Berthelot, bourgeois de Nantes, n'était connu comme comédien que sous les noms de Duparc ou de Gros René ; on croyait savoir que le nom de baptême de sa femme était Anne, et cette erreur donnait lieu à une foule de suppositions qui tombent devant les prénoms de Marquise Thérèse de Gorla, désignée depuis au théâtre sous le nom de Mlle Duparc. « Le nom de famille de ces acteurs étant désormais connu, il deviendra plus facile, ainsi que le fait remarquer M. Brouchoud, de suivre leurs pérégrinations à travers la province. » Les mêmes noms se retrouvent dans l'acte de mariage célébré quatre jours après (23 février 1653) à l'église Sainte-Croix (1), mais Molière et Joseph Béjard ne figurent pas au nombre des témoins.

La présence de Duparc et de sa femme, et par conséquent de la troupe de Molière à Lyon, est constatée à plusieurs reprises, depuis 1653 jusqu'en 1655, par plusieurs actes de l'Eglise Sainte-Croix et par les archives hospitalières (2). Parmi les comédiens qui, depuis quelques années, avaient suivi Molière en province, on a signalé un ancien pâtissier, Cyprien Ragueneau dit de

(1) *Ibid.*, *p. 46.*

(2) *Ibid*, *pages 48, 49, 52, 60 et 61.*

L'Estang, mort à Lyon le 18 août 1654 sur la paroisse Saint-Michel. Ce fait est inscrit sur le registre du comédien Lagrange (1), marié plus tard à la fille de Ragueneau ; malheureusement les archives de l'église Saint-Michel, comme « celles de la paroisse d'Ainay, ont presque toutes disparu, dit M. Brouchoud, dans l'incendie qui a éclaté à l'Hôtel-de-Ville en 1824. » A défaut des registres de Saint-Michel, nous avons pu retrouver à la chambre des notaires de Lyon deux actes concernant Ragueneau. Par le premier de ces actes, passé, comme ceux que nous avons analysés plus haut, devant le notaire Guyon, Pierre Meissimi, jardinier à Lyon, loue, le 15 octobre 1653, à « sieur Siprian Raguenaud dit de L'Estang, fileur d'or, demeurant audit Lyon..., une chambre et galerie de la maison que ledit Meissimi tient à louage, avec un jardin appartenant au sieur Veau, sise en cette ville, en Bellecour, rue Sainte-Helayne, près les Jésuites de Saint-Joseph, pour le temps de trois ans continus commençant à Noël prochain, moyennant le prix et somme de trente livres par chacun an, etc., et, par ces présentes, haut et puissant seigneur messire Antoine Marcelin de Damas Digoine, baron dudit lieu, etc., de son bon gré, à la prière dudit sieur de L'Estang s'est pour lui, envers ledit Meissimi, rendu caution; et, à faute que ledit sieur de L'Estang ne payera pas le susdit prix, promet ledit sieur baron payer audit sieur Meissimi le susdit prix (2). » Le second acte, daté du 20 mai 1654, est ainsi conçu : « Etabli en sa personne Pierre Meissimi, jardinier à Lyon, lequel, de son gré, confesse avoir eu et reçu du

(1) *Cité par M. Taschereau dans les notes de sa 3e édition de l'histoire de Molière, p. 219.*

(2) Archives de la chambre des notaires de Lyon, *minutes Guyon, 1653-54, f° 160.*

sieur Siprian Raguenaud, bourgeois audit Lyon, absent, par les mains et des propres deniers de haut et puissant seigneur messire Antoine Marcelin Damas, chevalier, baron de Digoine, etc., la somme de quinze livres tournois... convenue pour payement de louage des membres de maison que ledit sieur Ragueneau tient dudit Meissimi, sous la caution dudit seigneur baron (1). » En citant les deux actes qui précèdent dans un rapport à M. le Ministre de l'Instruction publique, nous avions rappelé que, parmi les actes notariés trouvés par nous à Paris, plusieurs prouvent les relations de M. de Digoine avec Madeleine Béjard, qui, après Molière, était le personnage le plus important de la troupe. Aucune circonstance n'est à négliger quand on cherche à faire revivre des faits oubliés depuis deux siècles ; un détail, insignifiant en apparence, peut conduire à une découverte très-importante. M. de Digoine, qui appartenait à une ancienne famille de Bourgogne, avait loué, le 1er octobre 1652, une maison sise au quartier de Bellecour, rue Ste-Hélène, proche les Jésuites de Saint-Joseph (2). Les relations de M. de Digoine avec Madeleine Béjard et avec les comédiens de la troupe de Molière prirent peut-être naissance à Dijon, ville indiquée vaguement comme ayant été visitée par Molière. « Malheureusement il manque dans les minutes Guyon toute la fin de l'année 1654, pour laquelle le répertoire alphabétique renvoyait, aux noms de Ragueneau et de Digoine, à trois actes qui n'existent plus. Ragueneau mourut à Lyon dans le mois d'août de la même année, et ces actes se rapportaient sans doute aux formalités accomplies avant ou après son décès, testament, inventaire, etc. (3). »

(1) *Ibid.*, *f° 307.*

(2) *Ibid., minutes Guyon, année 1652, f° 523 verso.*

(3) Archives des missions scientifiques et littér. *1865, t. I, p. 490.*

Dès la fin de l'année 1653, Molière avait obtenu à Pézénas pour sa troupe le titre de « comédiens du prince de Conty », dû peut-être autant à l'amour du prince pour la Duparc (1) qu'au souvenir de son ancien condisciple du collége de Clermont. La signature de Molière et celles de Pierre Reveillon, de Charles Dufresne, de Joseph Béjard et de René Berthelot « comédiens de M. le prince de Conty », se retrouvent au bas de l'acte de mariage de leurs camarades Faulle Martin et Anne Reynis (2), inscrit sur les registres de Sainte-Croix à la date du 29 avril 1655. C'est la seconde trace matérielle laissée par Molière de son passage à Lyon, mais il est permis de supposer que le produit de quelques-unes des représentations données par les comédiens dans les années suivantes, au profit des hôpitaux de la Charité et de l'Hôtel-Dieu (3), doit être attribué à la troupe de Molière. Enfin, postérieurement au départ de Molière qui, disent ses premiers biographes, après avoir passé le carnaval de 1658 à Grenoble, partit de cette ville à la fin d'avril « et vint s'établir à Rouen », un dernier document, l'acte de baptême de « Marie Anne, fille du sieur René Berthelot, comédien du Roi à Lyon, et de damoiselle Thérèse de Gorla, ses père et mère, baptisée en l'église paroissiale de Sainte-Croix le 1er jour de mai 1658 (4), » prouve que Mlle Duparc n'avait pu suivre immédiatement la troupe en Normandie. Cependant son arrivée très-prochaine y était annoncée, car le 19 mai suivant, Thomas Corneille écrivait de Rouen à l'abbé de Pure, qui demeurait à Paris : « Nous attendons ici les deux beautés que vous croyez

(1) Mémoires de Daniel de Cosnac, *1852, in-4°*.

(2) Origines du Théâtre de Lyon, *p. 48*.

(3) *Ibid., p. 61 à 65, du 28 février 1656 au 27 février 1658.*

(4) *Ibid., p. 48.*

devoir disputer cet hiver d'éclat avec la sienne (la beauté d'une comédienne de l'hôtel de Bourgogne), Au moins ai-je remarqué en Mademoiselle Béjar grande envie de jouer à Paris, et je ne doute point qu'au sortir d'ici, cette troupe n'y aille passer le reste de l'année. (1) » Des « deux beautés » attendues à Rouen, l'une était certainement Mlle Duparc, et lorsque, ainsi que le prévoyait Thomas Corneille, Molière et sa troupe furent appelés de Rouen à Paris à la fin de l'année 1658, Pierre Corneille adressa à Mlle Duparc les célèbres stances :

Allez, belle Marquise, allez en d'autres lieux
Semer les doux périls qui naissent de vos yeux.

« C'est, dit Conrard dans une note manuscrite, une comédienne fort belle nommée la Duparc, autrement *la marquise* », et, dans la dernière édition des œuvres de P. Corneille (2), M. Marty-Laveaux ajoute : « On a beaucoup disserté sur le surnom de *marquise* donné à la Duparc. Une découverte récente faite par M. Brouchoud, avocat à la Cour impériale de Lyon, établit que, dès 1653, ce surnom appartenait assez officiellement à la Duparc pour qu'elle le prît en signant son acte de mariage. » Le contrat de mariage et les autres actes publiés depuis par M. Brouchoud prouvent que ce surnom de *marquise* était tout simplement un des prénoms de la Duparc, et qu'elle le donnait même à une de ses filleules, Marquise Thérèse Roger, baptisée à Lyon, le 26 mars 1654 (3).

Bien que le livre de M. Brouchoud renferme encore beaucoup d'autres faits et documents aussi pleins d'inté-

(1) Molière et sa troupe à Rouen, *par F. Bouquet. Rouen, 1865, in-8°, p. 7.*

(2) *Paris, Hachette, in-8°, tome X, p. 141.*

(3) Origines du Théâtre de Lyon, *p. 47.*

rêt que ceux qui précèdent, notamment sur Joseph Béjard, Claude Basset et Françoise Pascal, sur l'emplacement du théâtre de Molière à Lyon et sur la tradition relative à l'apothicaire Fleurant, nous préférons suivre encore pendant quelques instants hors de Lyon les comédiens de la troupe de Molière, sur lesquels il nous a révélé tant de particularités inconnues. Pierre Reveillon n'était plus avec Molière lors de l'arrivée de la troupe à Paris au mois d'octobre 1658, mais Charles Dufresne continua à en faire partie jusqu'en avril 1659, ainsi que le constate le registre du comédien La Grange, conservé aux archives de la Comédie Française. « A Pâques de l'année 1659, dit ce registre, le sieur Dufresne sortit de la troupe et se retira à Argentant, son pays natal. » On ignore les dates de naissance et de mort du comédien Charles Dufresne, ce fidèle associé de Molière pendant ses pérégrinations en province; les recherches faites sur les registres des paroisses d'Argentan ont seulement fait découvrir divers actes concernant deux artistes du même nom (1) : Claude Dufresne, peintre de *Son Altesse Royale*, mourut à Argentan en 1675 (2) ; son fils, Charles Dufresne de Postel, reçu membre de l'Académie royale de peinture et de sculpture en 1663 (3), épousa, en 1664, à Argentan, Louise de Hérembert, fille d'un avocat de cette ville ; il prenait alors les titres de « peintre et *valet de chambre ordinaire du Roi* (4). » Charles Dufresne de Postel mourut à Argen-

(1) *Nous devons ces renseignements à M. le marquis de Chennevières, qui, depuis dix-huit ans, ne cesse de poursuivre et de publier ses* Recherches sur la vie et les ouvrages des peintres provinciaux de l'ancienne France.

(2) *Registres de la paroisse Saint-Martin-d'Argentan.*

(3) *Registres de cette académie, conservés à l'École impériale des Beaux-Arts.*

(4). *Registre de la paroisse Saint-Martin-d'Argentan.*

tan en 1711, « âgé d'environ soixante-dix ans (1). »

Il est impossible de ne pas être frappé des rapports qui semblent avoir existé entre ces Dufresne et Molière : Claude Dufresne est peintre de Son Altesse Royale, c'est-à-dire de Gaston, qui avait entretenu la troupe de l'illustre théâtre ; Charles Dufresne le fils est valet de chambre du Roi, au même moment que Molière. Enfin, si l'on en croit Papillon de la Ferté (2), le peintre Charles Dufresne serait né à Nantes, et l'acte de décès de cet artiste indiquerait, comme l'époque probable de sa naissance, l'année 1641 ; le comédien Charles Dufresne qui se trouvait à Nantes, en 1648, y aurait-il, quelques années auparavant, tenu sur les fonts de baptême l'artiste qui portait le même nom que lui et qui était peut-être son neveu ? Si l'exemple donné à Lyon par M. Brouchoud était suivi à Nantes, on obtiendrait sans doute sur les familles Dufresne et Duparc des éclaircissements précieux pour l'histoire de la troupe de Molière.

Duparc et sa femme sortirent aussi de la troupe de Molière à Pâques de l'année 1659 pour se joindre aux comédiens du Marais, mais ils y rentrèrent ensemble l'année suivante. Après la mort de Gros René (4 novembre 1664), Racine décida sa veuve, Mlle Duparc, à quitter de nouveau le théâtre de Molière (Pâques 1667), pour entrer à l'hôtel de Bourgogne, où elle créa le rôle d'Andromaque. Cette comédienne mourut l'année suivante (11 décembre 1668), âgée d'environ trente-cinq ans ; sa fille Marie-Anne, née à Lyon en 1658 (3), avait, quelques mois auparavant, été marraine avec Racine d'une fille bapti-

(1) *Registre de la paroisse Saint-Martin-d'Argentan.*

(2) Extraits de différents ouvrages publiés sur la vie des peintres, *par P. D. L. F. 1717, in-8, t. II, p. 701.*

(3) Origines du Théâtre de Lyon, *p. 48.*

sée à Auteuil sous les noms de Jeanne-Thérèse Olivier (1). Douze ans après la mort de Mlle Duparc, son nom et celui de sa belle-mère, Mme de Gorles, reparaissent, dit M. Paul Mesnard (2), « dans une absurde accusation d'empoisonnement dont la Voisin voulut noircir Racine. Dans son interrogatoire du 17 février 1680, elle déclara qu'elle avait connu la demoiselle Duparc, comédienne, que sa belle-mère, nommée de Gorla, lui avait dit que c'était Racine qui l'avait empoisonnée »; et M. Mesnard ajoute en note : Voyez les notes de M. Monmerqué sur les lettres de Mme de Sévigné (3). « La belle-mère de Mlle Duparc y est nommée de Gordo; nous rectifions ce nom d'après les renseignements donnés par M. Brouchoud... La Duparc était fille de Giacomo de Gorla ou de Gorle qui avait épousé en secondes noces Benoîte Lamarre. La belle-mère qui, suivant La Voisin, aurait dénoncé Racine est cette Benoîte Lamarre. » On voit quels éclaircissements apportent dans les biographies de Molière, de Pierre Corneille et de Racine, les documents découverts par M. Brouchoud sur cette comédienne dont l'existence se lie à celle des trois grands poètes du XVIIe siècle.

Achevons cet examen trop rapide, au moins pour nous, du livre de M. Brouchoud, en disant qu'il est édité avec tout le soin, tout le luxe que M. Scheuring apporte dans ses publications. Les *fac simile* dont il est accompagné permettront de comparer les signatures apposées au bas des actes avec celles que l'on rencontre sur des documents analogues, à Paris et dans les départements.

Nous nous trouvons moins à l'aise pour parler dans la

(1) Recherches sur Molière, *p. 283.*

(2) Notice biographique sur Jean Racine, *éd. Hachette. 1865, in-8° tome I, p. 76.*

(3) *Paris, Hachette, 1862, in-8°, tome VI, p. 278.*

Revue du Lyonnais de l'exécution typographique de cet ouvrage. Mais si M. Aimé Vingtrinier se refuse à publier ici son éloge, il nous permettra de renvoyer le lecteur aux publications parisiennes, journaux et revues, qui déjà ont applaudi à ce nouveau succès de l'imprimerie lyonnaise.

EUDORE SOULIÉ.

Versailles, 3 mars 1866.

LETTRE

A MONSIEUR EUDORE SOULIÉ

CONSERVATEUR-ADJ. DES MUSÉES IMPÉRIAUX

A VERSAILLES.

Monsieur,

Les *Origines du théâtre de Lyon* ne s'attendaient pas à la bonne fortune que leur a réservée votre indulgente amitié. Simple ébauche d'un sujet que vous connaissez mieux que personne, leur mérite sera d'avoir provoqué l'intéressante étude à laquelle vous avez su donner, sous la forme d'un compte-rendu, toute la valeur d'une œuvre originale. Vainement, en effet, vous m'avez, à profusion, cité ; on m'oubliait en vous lisant, et je veux être le premier à vous dire merci pour les pages inespérées que vous avez ajoutées à mon travail.

Pourquoi, cependant, pas un mot de critique ? C'est chose impossible à votre aimable caractère. Mais votre esprit a tant de raisons de se montrer difficile ! Aussi ai-je cherché à lire, entre les lignes toutes si élogieuses de votre article, ces appréciations que votre plume n'aime pas à tracer.

Je tenais notamment à connaître votre opinion sur le

rôle actif que jai prêté à la société lyonnaise dans le mouvement dramatique du XVIIe siècle. Est-il vrai que j'aie émis, sur ce point, des idées empreintes d'un patriotisme trop local ? Vous avez évité de vous prononcer ; je comprends votre réserve ; elle a dû vous paraître prudente en face des contradictions qui se sont produites ici-même.

Cependant, les diverses publications de MM. de Manne et Hillemacher (1), destinées à faire suite à la *Troupe de Molière,* prouveront bientôt que Lyon est bien la ville de Province qui, jusqu'au XVIIIe siècle, a fourni le plus d'acteurs à la Comédie-Française.

Au point de vue des caractères du répertoire de Molière, ai-je trop facilement accueilli des récits imaginaires ? Et, par exemple, ai-je exagéré la vraisemblance de la tradition qui est restée attachée au nom de l'apothicaire Fleurant ? Un historien-bibliographe, M. A. Péricaud, dont je ne méconnais pas la vaste érudition, a lu, le 9 mai 1865, à l'Académie de Lyon (2), une note dans laquelle il n'hésite

(1) *Un savant et un artiste s'appliquent à combler les lacunes que présente encore l'histoire de la Comédie-Française. La* Troupe de Molière *est comme le premier volume de cette* Galerie historique. *Le second embrassera les années 1673 à 1720. La* Troupe de Voltaire (1720-1789) *forme le troisième volume, et la* Troupe de Talma (1780-1830), *qui vient de paraître, ne terminera pas cette intéressante publication.* Molière, Racine, Voltaire, Talma *et* Rachel, *ces cinq gloires de la littérature ou de l'art dramatique, ont les mêmes droits aux hommages de la postérité. Mais la* Troupe de Corneille *ne mériterait-elle pas de devenir la préface de ce monument historique ?*

(2) Notes et documents pour servir à l'histoire de Lyon, *année 1690. V. aussi le* Bulletin des séances de l'Académie, *pour le 2e trimestre de 1865, p. 102. « Le voyage de Molière à Lyon date de 1657, » y est-il dit. Cette opinion, émise par M. A. Péricaud, pour la première fois en 1835, n'est plus admissible. On sait, en effet, que de 1653 à 1658 il n'y a que les deux années 1656 et 1657 qui n'aient pas vu l'illustre auteur comique dans notre ville.*

pas à donner raison aux doutes exprimés par Aimé Martin, un des éditeurs des Œuvres de Molière.

Deux objections nouvelles ont été formulées. L'une est tirée de l'ordre chronologique de l'impression des pièces de Molière. *Monsieur de Pourceaugnac*, qui a été joué en 1669, a précédé de quatre années, dit-on, la composition du *Malade imaginaire*. Or, si Molière avait conçu à Lyon, c'est-à-dire en 1658, au plus tard, l'idée d'immortaliser le nom de l'apothicaire Fleurant, il n'aurait pas manqué de l'inscrire dans la première de ces deux comédies. — L'argument n'avait pas paru jusqu'à ce jour bien décisif, puisque, pouvant être vieux de deux siècles bientôt, il date de quelques mois à peine. — On sait qu'avant de les faire imprimer, Molière avait, surtout en province, joué, sous une forme moins soignée, presque toutes les pièces qui composent son Théâtre.

La seconde objection me frapperait davantage si elle ne reposait sur un fait erroné.

L'historien lyonnais prétend qu'ouverte en 1562 par le baron des Adrets, la rue Saint-Dominique ne fut longtemps qu'un étroit passage entre Bellecour et la rue Confort ; « qu'il est à présumer que du temps de Molière il n'y avait point encore de bâtiments ; » et que « ce n'est qu'en 1713 que les Dominicains, ayant fait démolir leur cloître pour en construire un nouveau, vendirent, moyennant 67,500 livres, l'année suivante, à la comtesse de Varax, un espace de terrain longeant la rue Saint-Dominique pour y bâtir des maisons. » Collombet (1) à l'opinion duquel M. A. Péricaud renvoie le lecteur, cite en effet (et encore en se trompant sur sa date) l'acquisition des comtesses de Varax, mais il ne dit rien des constructions

(1) Lyon anc. et moderne, *t. II*, *p. 393*.

qui de 1562 à 1713 avaient été élevées sur les deux côtés de la rue.

Il sera facile de répondre à l'objection présentée, en donnant l'analyse des documents qui la réfutent, en même temps qu'ils jetteront quelque lumière sur ce point de l'histoire topographique de la ville de Lyon.

La rue Saint-Dominique a été en effet ouverte par les Protestants en 1562, à travers les possessions des Jacobins. Sa largeur a toujours été à peu près la même. Lorsqu'elle eut séparé en deux parties le vaste tènement de ces religieux, ceux-ci se décidèrent à louer d'abord et à vendre ensuite la parcelle qui longeait le côté occidental de la rue Saint-Dominique. Ils firent construire, au contraire, sur le côté oriental de cette rue, un mur de clôture qui formait avec la chapelle de N.-D.-de-Confort la limite de la nouvelle voie publique, de la place Confort au tènement de Bellecour.

Si nous nous reportons au plan de Lyon dressé par Simon Maupin et gravé en 1625, nous y voyons la rue Saint-Dominique parfaitement tracée et pourvue, à son entrée, du côté de Bellecour, de deux superbes constructions assises sur ses deux angles (1). J'ignore à quelle époque elles ont été édifiées ; mais elles existaient en 1625, c'est-à-dire vingt-huit ans avant l'arrivée de Molière à Lyon. On sait que son dernier passage dans cette ville est de 1658. Or, la rue Saint-Dominique avait à cette époque une certaine importance. A l'angle méridional de la rue du Port-du-Temple (ou rue Écorche-Bœuf) et de la place Confort (ou place de l'Impératrice), existait en effet, en 1625, une autre maison dite *la Tour-de-l'Ange*. Les améliorations réali-

(1) *Elles faisaient partie du tènement de Bellecour, lequel était un fief noble, et limitait au midi l'enclos des Jacobins.*

s ées ers cette époque dans le voisinage profitèrent bientôt à la rue Saint-Dominique, car au lieu de faire construire en 1658 (comme ils en avaient obtenu l'autorisation) « un mur de clôture pour border au couchant ladite rue, » les Dominicains vendirent une partie du sol qu'ils possédaient de ce côté, à diverses personnes. Le 9 décembre 1660, leurs acquéreurs, nommés Pomey, Charrin, Labarge, Giraud, Laforest et Fayard, représentèrent au Consulat que « l'entrée de leurs maisons était incommodée par le ruisseau pavé qui ne passait qu'à trois pieds du mur de façade. » En ordonnant qu'il « serait reporté dans le milieu de la rue et que le pavé serait exhaussé d'un pied, » les échevins ne firent que s'associer aux efforts des particuliers pour l'embellissement d'un quartier qui devint aussitôt et resta longtemps le plus beau de la ville. Tout le côté de la rue Saint-Dominique fut en effet bâti de 1658 à 1673 (1). L'officine de l'apothicaire Fleurant n'aurait-elle été créée que peu de temps avant ou après la représentation du *Malade imaginaire?* Cette conjecture est admissible. Mais que Molière ait trouvé à Lyon un original tout prêt à figurer avec ses nom et profession dans sa dernière comédie, ou que, pressentant la vocation future d'un ancien habitué de son théâtre de la rue du Bœuf, il ait eu la malicieuse pensée d'assurer par une plaisanterie la célébrité de son nom, la tradition n'en présente pas moins les plus sérieuses vraisemblances. C'est bien le Claude Fleurant que les contemporains de Molière ont connu sous le nom de l'apothicaire de la rue Saint-Dominique, qui a été mis en scène dans la comédie du *Malade imaginaire.*

(1) *Toutes ces indications ont été relevées aux archives municipales sur les registres des alignements de la ville.*

Sans doute, pendant longtemps encore, le roman se mêlera à l'histoire, dans plusieurs chapitres de la vie de Molière et de sa troupe. Mais la critique aurait tort de n'accueillir, dans les questions à l'étude, que les données rigoureusement établies ; elle ne doit écarter que l'erreur, et s'appliquer à dissiper les doutes.

Aussi, malgré l'intérêt avec lequel on lit une Étude de M. Muller, publiée dans la *Revue des Provinces* sous ce titre : *Une dynastie poétique ou deux chapitres probables du Roman de Molière*, avec l'épigraphe : « *Si non è vero, è possibile* » (1), il faut se défendre contre le charme de semblables inventions. « Un homme averti en vaut deux, » dit le proverbe. De tous les dictons populaires, c'est peut-être le moins exact. Les aveux d'un auteur ne suffisent pas toujours à faire évanouir de trompeuses impressions. Et quand M. Muller nous fait assister au roulement de tambour et à la cric qui annonçaient à Saint-Etienne l'heure prochaine de la comédie, lorsqu'il expose toutes les particularités d'une visite de Molière aux trois Chapelon dans la boutique de coutelier tenue par les poètes foréziens, lorsqu'il décrit leur entretien, quand il raconte les circonstances fortuites qui l'ont amené et les souvenirs que dix-sept ans plus tard le célèbre comédien en avait retenus, on se prend à donner tort aux réserves de l'auteur. Mais son œuvre n'est bien que le fruit de son imagination. Il aurait pu toutefois être plus heureux dans le choix de la date qu'il a assignée à cette rencontre. L'automne de 1655 est en effet la seule saison durant laquelle l'excursion de Molière à Saint-Etienne ait été impossible entre les années 1652 et 1658. Ce détail suffirait

(1) Revue des Provinces, *t. III, p. 6 à 35 et p. 396 à 425. Paris, 1864, in-8.*

donc, à défaut du titre même du récit, pour prouver le caractère tout hypothétique des données que renferment ces deux chapitres.

N'ai-je rien à me reprocher à mon tour?..... Je ne puis cependant laisser passer, sans la rectifier, l'erreur de date que j'ai commise au sujet de la libéralité capitulaire de 1487 (1).

Je désire également insister davantage sur le lieu, maintenant connu, des représentations dramatiques dont le séjour de la cour de France a été quelquefois l'occasion. La salle des enfants de chœur ou des clergeons était dans le remarquable bâtiment du Xe siècle, auquel on a donné le nom de *Vieille Manécanterie.*

Situé au midi de l'église Saint-Jean, il forme le prolongement oblique de sa façade principale. La décoration architecturale de ce bâtiment a bien souffert du temps et de la main des hommes. Sa destination intérieure a souvent changé, et presque chaque siècle a concouru à en modifier l'aspect extérieur. Au-dessus de l'élégante corniche qui en formait le couronnement, a été élevé un petit étage en forme d'attique, assez choquant pour la vue ; et des fenêtres de largeurs variées, placées à des niveaux différents augmentent encore l'irrégularité déjà si frappante de ce vestige de l'art roman. Destiné à être dégagé, dans la transformation que subit aujourd'hui le quartier Saint-Jean, il a été un instant question de le démolir pierre par pierre et de le relever tel que l'ont pu voir nos pères, avant sa mutilation, sur des assises nouvelles. Les matériaux, quelque abondants qu'ils soient, le seront-ils assez pour permettre d'opérer avec succès ce minutieux tra-

(1) Les Orig. du théâtre de Lyon, *p. 13. L'acte est du 5 septembre 1487. — A la page 46, le nom de Vernier a été imprimé par erreur pour celui de Vergier.*

vail ? Assurément non. Le monument primitif disparaîtrait dans cet effort impossible de restauration. Or, mieux valent, en archéologie, des fragments mutilés qu'une copie infidèle. L'exhausser, sans rien changer à son aspect actuel, serait une œuvre non moins difficile, devant laquelle nous croyons prudent de reculer.

Les dessins de cette petite merveille architectonique sont cependant assez nombreux ; mais ils présentent des différences sensibles.

Le plus ancien figure parmi les planches du poème intitulé : *De Tristibus Franciæ,* édité à Lyon, aux frais de Cailhava, en 1840. La *Topographia Galliæ* de Zeiler et Meirian en a publié, en 1657, une autre vue ; elle nous paraît cependant moins ancienne que celle donnée par le graveur lyonnais Pigout. Cette dernière est une rarissime planche que l'habile crayon de M. Steyert popularisera bientôt avec une nouvelle édition des *Antiquités de Saint-Jean* (1).

L'Univers pittoresque de Didot (France, par Lebas), le *Lyon ancien et moderne* (2), *Le Moyen-Age monumental et archéologique,* et M. P. Martin dans ses *Recherches sur l'architecture du moyen-âge et de la Renaissance,* n'ont pas dédaigné, de reproduire, les uns après les autres, ce curieux spécimen d'architecture.

Les deux derniers dessins représentent, avec une remarquable netteté, la face extérieure de ce bâtiment qui, adossé au côté occidental du cloître du XVe siècle, faisait partie du patrimoine du Chapitre et servait aux enfants de chœur.

(1) *De Quincarnon. Lyon, 1673, petit in-12.*

(2) *M. A. Vingtrinier est possesseur d'un bois gravé qui a servi au tirage de cette publication. On reconnaîtra dans la vignette ci-après le dessin de Leymarie et la gravure de Brevière et de Novion.*

C'est là que de 1548 à 1600 [et années suivantes les troupes de comédiens étrangers attachés à la cour de France, ont donné leurs représentations. La salle avait alors toute la hauteur du bâtiment, jusqu'à sa corniche du moins, et se prêtait bien, par ses vastes proportions, aux nécessités de l'art dramatique italien (1). On conçoit que le Chapitre n'ait pas voulu, à cause du voisinage de l'église Saint-Jean et du cloître, consentir à ce que la

(1) *L'étage en forme d'attique qui le surmonte ne date guère que de la fin du règne d'Henri IV. Les cinq croisées basses qui se suivent, au rez-de-chaussée, du midi au nord, paraissent plus modernes. Les contreforts simples et doubles à l'extérieur semblent indiquer qu'une voûte recouvrait l'édifice. Elle a disparu sans doute quand on a construit le nouveau faîte. Enfin, le plancher qui sépare en deux étages la salle primitive n'a été fait qu'au commencement de ce siècle.*

comédie s'y vînt installer. Comme c'était le local le plus propice après la démolition du théâtre Neyron, Henri IV avait écrit à l'archevêque de laisser disposer cette immense salle en théâtre. Ce prélat remit le pli royal au doyen du Chapitre, qui, dans l'assemblée capitulaire du 3 novembre 1600 (1), en donna lecture. L'assemblée prit la résolution suivante : « Le sieur Doien a exibé une lettre que le Roy a escript à Mgr l'archevesque aux fins de faire bailler aux commédiens italiens estant en cette ville leur salle des clerjeons pour y représenter leurs commédies ; et d'aultant que cella ne despend de luy, ains du Chappitre, luy a baillé lad. lettre pour la communiquer au Chappitre et entendre leur volonté là-dessus. Lecture faicte de ladicte lettre et sur ce deslibéré a esté ordonné que pour satisffaire au commandement de Sa Maiesté lad. salle des Clerjeons sera baillée auxd. commédiens pour la préparer, pour y représenter leurs commédies lorsque Sa Maiesté ou La Royne seront en ceste ville et non aultrement ; et ont commis led. sieur Doien pour faire entendre ce que dessus au sieur archevesque pour l'escripre à Sa Maiesté. » Le procureur de Sainte-Croix fut alors dépêché au Roi pour le supplier de trouver agréables les réserves du Chapitre. Messîre Jean Rolland nous a fait connaître le résultat de sa mission (2).

Mon désir n'est pas de mettre ici en relief tout ce que vous avez donné d'autorité à mes conjectures, de précision à mes pensées, d'intérêt à mes recherches. Il est une figure cependant qui s'impose à notre attention, car son souvenir est venu jusqu'à nous, rayonnant ou chargé de traits presque légendaires (3). M. Hillemacher nous a fait

(1) *Arch. du départ. du Rhône.* Actes capitulaires, *livre 66*, f° *100*.

(2) Les Orig. du théâtre de Lyon, *p. 25*, *note 2*.

(3) *Sa mort subite a servi de prétexte à une accusation d'empoi-*

connaître cette physionomie d'après les cartons de M. Soleirol: lignes pures, expression fière, profil noble, en un mot; et le reste à l'avenant, si l'on en croit la *Muse historique*. Elle paraissait mieux faite pour la Tragédie que pour la Farce et la Comédie, si fines qu'elles fussent alors; et l'on comprend qu'elle ait inspiré à Racine son personnage d'*Andromaque*. Mlle Du Parc, une des étoiles du Palais-Royal, avait, en 1665, joué le rôle d'*Axiane* dans *Alexandre-le-Grand;* veuve depuis le 4 novembre 1664, elle quitta, en 1667, ses anciens camarades et fut attachée par Racine à la Troupe de l'hôtel de Bourgogne.

L'inconstante actrice rêvait sans doute un nouvel et plus brillant avenir avec le jeune poète, déjà si célèbre à la Cour. L'histoire nous apprend que Molière en conçut un tel dépit, que les deux amis ne se revirent plus.

Il n'est pas sans intérêt d'étudier dans l'expression de leurs sentiments intimes ces grands esprits du XVIIe siècle, qui, tour à tour, ont soupiré pour Mlle Du Parc. Quoiqu'il fût le sien, ce prénom de « *Marquise* » n'était cependant pas commun, et il est fort à croire qu'il aidera à reconnaître le sujet ou les auteurs de plusieurs pièces légères, négligées jusqu'à ce jour.

La dernière édition des Œuvres de P. Corneille, publiées par M. Marty-Laveaux dans la collection des grands écrivains de la France (1) a reproduit les vers que le poète avait adressés à Rouen, en 1658, à la « *Belle Marquise.* »

M. Paul Lacroix (bibliophile Jacob) a exhumé d'un

sonnement contre Racine, et Robinet a décrit en vers la cérémonie de ses funérailles. — *V.* Galerie historique des portraits des comédiens de la troupe de Molière, *p. 53. Lyon. 1858, in-8. et* Molière et sa Troupe à Lyon, *par M. Soulié.*

(1) *Paris, Hachette, 1865, in-8, t. X,*

vieux recueil de poésies (1) quelques vers de Molière qui furent certainement écrits pour son ancienne amie.

Et peut-être Racine n'a-t-il pas dédaigné de parler pour lui-même, en mettant dans la bouche de Pyrrhus les accents passionnés auxquels la belle captive ne sait plus opposer que cette timide défense :

« Vos serments m'ont tantôt juré tant d'amitié ! »

Ces lectures frappent l'esprit ; il lui est impossible, en effet, de ne pas comparer les déclarations menaçantes du vieillard amoureux, avec le langage satisfait de Molière et le ton plein d'espérance de l'auteur d'*Andromaque*.

Versé comme vous l'êtes, dans la connaissance de cette époque de notre littérature, vous en pénétrerez certainement les plus secrètes allusions ; et l'intérêt, j'ose le dire, n'en sera pas de longtemps épuisé. Aussi, sommes-nous tous impatients de voir vos travaux couronnés par la publication que vous dédierez un jour à la mémoire de Molière.

Ne regardez pas aux lacunes que peut contenir votre œuvre. Quel effort est exempt de faiblesses ou d'insuffisance ?

Les services que vous avez rendus aux lettres en les enrichissant d'importantes découvertes, et, mieux en-encore, en indiquant de nouvelles voies à la critique historique, suffisent à récompenser une vie laborieuse. Vous avez obtenu davantage, car, plus heureux que bien d'autres, vous êtes sûr de faire échapper à l'oubli tout ce que vous aurez pu nous apprendre.

C. BROUCHOUD.

(1) Recueil des plus beaux vers qui ont esté mis en chant, 2e partie, *p. 139. 1668. V.* Revue des Provinces. *vol. 5, p. 541. Paris, 1864. in-8.*

Lyon — Typ. d'A. Vingtrinier.

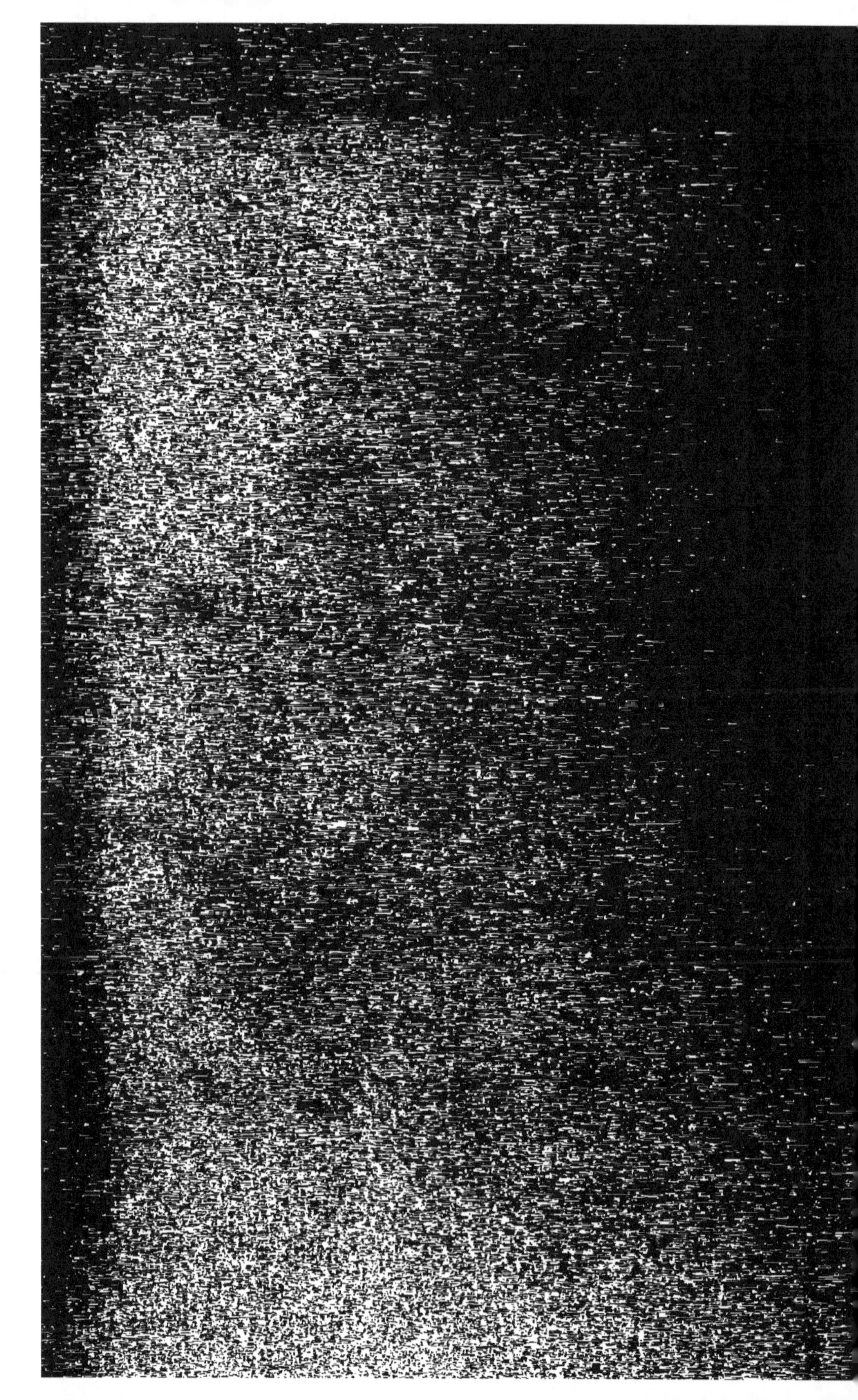

www.ingramcontent.com/pod-product-compliance
Lightning Source LLC
LaVergne TN
LVHW020248230826
846091LV00006B/2305

* 9 7 8 2 0 1 2 4 6 9 2 7 3 *